MY WORLD in SPANISH

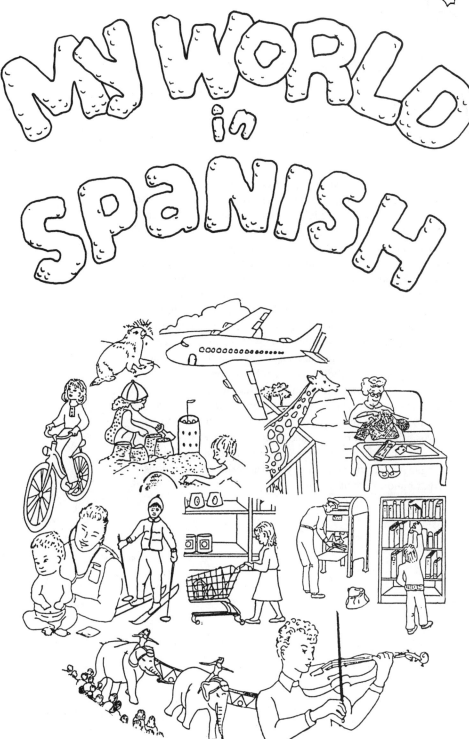

Coloring Book & Picture Dictionary

Tamara M. Mealer

PASSPORT BOOKS
a division of NTC/Contemporary Publishing Company
Lincolnwood, Illinois USA

To the Parents and Teachers

Research has shown that the best way to help children learn a language is to involve them physically in the learning process. Entertaining, hands-on activities engage children's enthusiasm and encourage greater retention of learning.

My World in Spanish has been created for today's young learner of Spanish with these findings in mind. The coloring pages spark children's interest and involve them in hands-on activities. As they color, children will notice that some people or items in the pictures are numbered. They can look up the names of these people and items in Spanish and English on the page opposite the picture. A pronunciation guide follows each Spanish word to promote correct pronunciation. When the pictures have been colored, *My World in Spanish* becomes a delightful picture dictionary that children helped create themselves.

Each picture is also accompanied by a few questions designed to help children practice the words they are learning and encourage them to use the Spanish names of items in the pictures. Use these questions as a guide for formulating more questions about the pictures and for starting conversations about the Spanish words presented in each one. By getting involved in children's language-learning activities, you can make a tremendous contribution to their progress.

ISBN: 0-8442-7552-2

Published by Passport Books,
a division of NTC/Contemporary Publishing Company,
4255 West Touhy Avenue,
Lincolnwood (Chicago), Illinois 60646-1975 U.S.A.

7 8 9 ML 9 8 7

About this Book

This book will help you learn to talk about your world in Spanish. You will find pictures of places you know, like the classroom, the kitchen, the beach, the zoo, the circus, and many more. Color the pictures any way you like!

While you are coloring, you will notice numbers next to some objects or people in the picture. Look at the same numbers on the page across from the picture. You will find the names of the people and objects on the page next to the numbers. First, you will see the names in Spanish. After each Spanish word, you will see a pronunciation guide in parentheses. This tells you how to say the Spanish word out loud. It may look funny, but if you read it out loud, you will be saying the word correctly. To find out more about how to say sounds in Spanish and using the pronunciation guides, read the section called "How to Say Spanish Sounds." Lastly, you will also find the name of each person or object in English.

The pages across from the pictures also have some questions about what you see in each picture. Try to answer the questions with the Spanish words you have learned. The answers to the questions are in an answer key at the back of the book, but don't peek until you have tried to answer the questions yourself!

At the beginning of the book, there are some facts about the Spanish language. Knowing these will help you when you use the words you have learned to talk about things in Spanish.

Share this book with your parents or with your friends. Learning Spanish is a lot of fun, but you will enjoy it even more if you do it with a friend. *¡Diviértete!* (Have fun!)

Contents

To the Parents and Teachers
About this Book
Some Helpful Hints about Spanish
The Alphabet in Spanish
How to Say Spanish Sounds
More Useful Words in Spanish
1. **Nuestra casa** / Our House
2. **La sala** / The Living Room
3. **La cocina** / The Kitchen
4. **En la clase** / In the Classroom
5. **La ropa** / Clothing
6. **Las estaciones y el tiempo** / The Seasons and the Weather
7. **Los deportes** / Sports
8. **La ciudad** / The City
9. **En el supermercado** / At the Supermarket
10. **En el restaurante** / In the Restaurant
11. **El correo** / The Post Office
12. **El banco** / The Bank
13. **La oficina médica** / The Doctor's Office
14. **La estación de servicio** / The Service Station
15. **El transporte** / Transportation
16. **La granja** / The Farm
17. **Los animales en el zoológico** / Animals in the Zoo
18. **En la playa** / At the Beach
19. **El circo** / The circus
20. **Los instrumentos musicales** / Musical Instruments
21. **Palabras de acción** / Action Words
22. **Los números** / Numbers
23. **Las formas** / Shapes

Respuestas a las preguntas / Answers to the Questions

Some Helpful Hints about Spanish

Masculine and Feminine Words

In Spanish, all nouns (people, places, and things) are either masculine or feminine. Most nouns that end with the letter **o** are masculine. For example, **el caballo** (horse), **el espejo** (mirror), and **el trapo** (rag) are masculine. Most nouns that end with the letter **a** are feminine. **La guitarra** (guitar), **la aguja** (needle), and **la puerta** (door) are feminine.

El and La

Some words don't end with **o** or **a.** You can tell whether these words are masculine or feminine by looking at the word that comes before them. Words that have the word **la** before them are feminine. For example, **la mano** (hand) is feminine even though it ends with the letter **o.** Words with **el** before them are masculine, so **el reloj** (clock) is masculine even though it ends with **j.** El and **la** both mean "the" in Spanish. They are usually used when you talk about people, places, and things.

Talking about More than One

When you want to talk about more than one of something, just add the letter **s** to the end of words that end with a vowel. If the word ends with a consonant, you must add **es.** So when you want to talk about more than one **caballo,** you say **caballos.** More than one **puerta** would be **puertas.** But to talk about more than one **reloj,** you say **relojes.**

You must also change **el** and **la** when you talk about more than one of something. **El** becomes **los** and **la** becomes **las.** For example, to talk about more than one mirror, you say **los espejos.** To talk about more than one needle, you say **las agujas.** To talk about more than one clock, you say **los relojes.**

The Alphabet in Spanish

The Spanish alphabet is a little different from the English alphabet. It has more letters. Here is the alphabet in Spanish.

A	B	C	Ch	D	E	F	G	H	I
J	K	L	Ll	M	N	Ñ	O	P	Q
R	Rr	S	T	U	V	W	X	Y	Z

If you would like to know how to say the sounds of the letters in Spanish, read the next section, "How to Say Spanish Sounds."

How to Say Spanish Sounds

In Spanish, many letters are said in a different way from English. The best way to learn to say Spanish sounds is to listen to Spanish-speaking people and copy what they say. But here are some rules to help you.

Below is a list of letters, with a guide to show you how to say each one. For each Spanish sound, there is an English word (or part of a word) that sounds like it. Read it out loud to find out how to say the Spanish sound. Then, practice saying the examples for each sound.

é   A mark like this above a vowel is called a "stress mark." It means that you should pronounce this part of the word more strongly than the rest.

a   Like the "a" in the English word "cart" but not quite so long: **planta, taza, jirafa.**

e   An "e" at the end of a syllable sounds like the "a" in "late": **techo, nube, tigre.**

In any other part of a syllable, "e" sounds like the "e" in "let": **estufa, papel, tren.**

i   Usually like the "ee" in "feet": **hija, cepillo, feliz.** In front of another vowel, "i" is pronounced like the "y" in "yes": **avión, guardia, lluvia.**

o   Like the "o" in "go": **ojo, otoño, sombrero.**

u   Usually like the "oo" sound in "loot": **blusa, muñeca, autobús.** When it comes before a vowel, "u" sounds like the "w" in "wait": **nueve, abuela, fuego.**

y   When it is alone or at the end of a word, it sounds like the "ee" in "feet": **y.** But most of the time "y" sounds like the "y" in "yes": **escayola, playa, payaso.**

Many consonants, such as "d" and "g," sound softer than they do in English.

ñ   A mark like this above an "n" makes it sound like the "ni" in the middle of the word "onion": **piña, cabaña, montaña.**

h   The letter "h" is always silent in Spanish: **hielo, helado, hermano.**

z   Like the "s" in "case": **zapato, manzana, tiza.**

c   "C" also has an "s" sound when it is followed by an "i" or "e": **cinco, cebra, cita.**

     Otherwise, it is pronounced like the "c" in "cat": **casa, vaca, coliflor.**

b/v The letters "b" and "v" have the same sound in Spanish. To pronounce them, make a sound halfway between an English "b" and "v": **vidrio, llave, vaso.**

r   The "r" in Spanish is a trilling sound made by putting your tongue behind your upper teeth and making the tip of your tongue move very fast: **radio, bombero, rueda.**

j   Like the "h" in "house" but rougher: **naranja, caja, almeja.**

g   When it is followed by "a," "o," or "u," "g" sounds like the "g" in "go" but a little softer: **gato, regla, jugar.**
     Otherwise, "g" sounds like the Spanish "j": **gerente.**

ll   "Ll" in Spanish sounds like the "y" in "yes": **sillón, llanta, orilla.**

qu In Spanish, "qu" sounds like the "k" in "kite": **chaqueta, choque, queso.**

After each Spanish word in this book, you will find a pronunciation guide in parentheses. This is a special spelling that tells you how to say the word correctly. It may look funny, but if you read the pronunciation guide out loud, you will be saying the word correctly.

A few pairs of letters have special sounds in Spanish. The letters **au** sound like the "ow" in "cow." This sound is spelled "ow" in the pronunciation guides. The letters **ai** sound like the "igh" in "night." This sound is spelled "igh" in the pronunciation guides. The letters **oi** sound like the "oy" in "boy." This sound is spelled "oy" in the pronunciation guides.

You will also notice that one syllable of each word in the pronunciation guides is spelled in capital letters. This is called the stressed syllable. You must say this syllable a little louder than the other syllables in the word.

More Useful Words in Spanish

Here are a few useful words that are not included in the pictures:

Los días de la semana	**Days of the Week**
lunes	Monday
martes	Tuesday
miércoles	Wednesday
jueves	Thursday
viernes	Friday
sábado	Saturday
domingo	Sunday

Los meses del año	**Months of the Year**
enero	January
febrero	February
marzo	March
abril	April
mayo	May
junio	June
julio	July
agosto	August
septiembre	September
octubre	October
noviembre	November
diciembre	December

1. Nuestra casa (NWAY-stra KA-sa)   Our House

1. **las montañas** (las mon-TAN-yas)   mountains
2. **los árboles** (los AR-bo-les)   trees
3. **la cerca de ladrillo** (la SAYR-ka day la-DREE-yo)   brick fence
4. **el árbol de pino** (el AR-bol day PEE-no)   pine tree
5. **el garaje** (el ga-RA-hay)   garage
6. **la piedra** (la PYAY-dra)   stone
7. **la piscina** (la pee-SEE-na)   swimming pool
8. **la horquilla de cavar** (la or-KEE-ya day ka-VAR)   gardening fork
9. **la paleta** (la pa-LAY-ta)   gardening shovel
10. **el hoyo** (el OY-o)   hole
11. **la tierra** (la TYAYR-ra)   soil
12. **el buzón** (el boo-SON)   mailbox
13. **la carretilla** (la kar-ray-TEE-ya)   wheelbarrow

14. **las flores** (las FLO-res)   flowers
15. **los ramos de árbol** (los RA-mos day AR-bol)   tree branches
16. **las hojas** (las O-has)   leaves
17. **la caseta del perro** (la ka-SAY-ta del PAYR-ro)   doghouse
18. **el perro** (el PAYR-ro)   dog
19. **el jardinero** (el har-dee-NAY-ro)   gardener
20. **el rastrillo** (el ras-TREE-yo)   rake
21. **la manguera** (la man-GAY-ra)   watering hose
22. **la boquilla de manguera** (la bo-KEE-ya day man-GAY-ra)   nozzle
23. **los muebles de patio** (los MWAY-blays day PA-tyo)   patio furniture
24. **los arbustos** (los ar-BOOS-tos)   bushes
25. **las luces externas** (las LOO-ses ex-TAYR-nas)   outdoor lights
26. **la chimenea** (la chee-may-NAY-a)   chimney
27. **el techo** (el TAY-cho)   roof
28. **la teja** (la TAY-ha)   shingle
29. **el canalón** (el ka-na-LON)   gutter
30. **el vidrio** (el VEE-dryo)   glass
31. **la cerca de madera** (la SAYR-ka day ma-DAY-ra)   wooden fence

Preguntas   (Questions)

1. What is "la manguera"?
2. What tools is the woman using?
3. Name the two types of fences.
4. Who is raking the leaves?

2. La sala (la SA-la) The Living Room

1. **la antena** (la an-TAY-na)   antenna
2. **el radio** (el RA-dyo)   radio
3. **el tocadiscos** (el to-ka-DEES-kos)   record player
4. **la máquina de escribir** (la MA-kee-na day es-cree-BEER)   typewriter
5. **los discos** (los DEES-kos)   records
6. **el televisor** (el tay-lay-vee-SOR)   television
7. **el estante** (el es-TAN-tay)   bookcase
8. **el libro** (el LEE-bro)   book
9. **la alfombra** (la al-FOM-bra)   carpet
10. **el teléfono** (el tay-LAY-fo-no)   telephone
11. **el sofá** (el so-FA)   sofa
12. **las agujas de medias** (las a-GOO-has day MAY-dyas)   knitting needles
13. **la hilaza** (la ee-LA-sa)   yarn
14. **la mesa de sala** (la MAY-sa day SA-la)   coffee table
15. **el sobre** (el SO-bray)   envelope
16. **la carta** (la KAR-ta)   letter
17. **el periódico** (el pay-RYO-dee-ko)   newspaper
18. **la abuela** (la a-BWAY-la)   grandmother
19. **la almohada** (la al-MWA-da)   pillow
20. **la aspiradora** (la as-pee-ra-DO-ra)   vacuum cleaner
21. **la mecedora** (la may-say-DO-ra)   rocking chair
22. **el nieto** (el NYAY-to)   grandson
23. **el gato** (el GA-to)   cat

24. **la cesta de leños** (la SES-ta day LAY-nyos)   log basket
25. **los leños** (los LAY-nyos)   logs
26. **la baldosa** (la bal-DO-sa)   floor tile
27. **el fuego** (el FWAY-go)   fire
28. **el manto** (el MAN-to)   mantle
29. **el reloj de mesa** (el ray-LOH day MAY-sa)   table clock
30. **la palomilla** (la pa-lo-MEE-ya)   wall bracket
31. **la pantalla de lámpara** (la pan-TA-ya day LAM-pa-ra)   lamp shade
32. **el espejo** (el es-PAY-ho)   mirror
33. **el marco** (el MAR-ko)   frame
34. **las cortinas** (las kor-TEE-nas)   curtains
35. **el paraguas** (el pa-RA-gwas)   umbrella
36. **el paragüero** (el pa-ra-GWAY-ro)   umbrella stand
37. **el sillón** (el see-YON)   armchair
38. **la planta** (la PLAN-ta)   plant
39. **la fotografía** (la fo-to-gra-FEE-a)   photograph

Preguntas   (Questions)

1. What does the grandmother have in her hands?
2. Who is playing with "el gato"?
3. What is on the mantle?
4. What is the boy near the shelves looking for?

3. La cocina (la ko-SEE-na)   The Kitchen

1. **el detergente de vajillas** (el day-tayr-HEN-tay day va-HEE-yas)   dish detergent
2. **el cepillo de vajillas** (el say-PEE-yo day va-HEE-yas)   dish brush
3. **el gabinete de cocina** (el ga-bee-NAY-tay day ko-SEE-na)   kitchen cabinet
4. **el libro de cocina** (el LEE-bro day ko-SEE-na)   cookbook
5. **el fregadero** (el fray-ga-DAY-ro)   sink
6. **el grifo** (el GREE-fo)   faucet
7. **la llave** (la YA-vay)   handle
8. **el tajadero** (el ta-ha-DAY-ro)   chopping block
9. **la lavadora de vajillas** (la la-va-DO-ra day va-HEE-yas)   dishwasher
10. **la gaveta** (la ga-VAY-ta)   drawer
11. **el rociador** (el ro-sya-DOR)   sprayer
12. **el limpiador** (el leem-pee-a-DOR)   cleanser
13. **los vasos** (los VA-sos)   glasses
14. **el rodillo de pastelero** (el ro-DEE-yo day pas-tay-LAY-ro)   rolling pin
15. **el jamón de lata** (el ha-MON day LA-ta)   canned ham
16. **el cedazo** (el say-DA-so)   sifter
17. **la tostadora** (la tos-ta-DO-ra)   toaster
18. **el pan tostado** (el pan tos-TA-do)   toast
19. **la espátula** (la es-PA-too-la)   spatula
20. **la mermelada** (la mayr-may-LA-da)   jam
21. **la licuadora** (la lee-kwa-DO-ra)   blender
22. **la taza de medidas** (la TA-sa day may-DEE-das)   measuring cup
23. **la escudilla** (la es-koo-DEE-ya)   bowl
24. **la batidora de mano** (la ba-tee-DO-ra day MA-no)   hand mixer
25. **el salero** (el sa-LAY-ro)   salt shaker
26. **el pimentero** (el pee-men-TAY-ro)   pepper shaker
27. **el cucharón** (el koo-cha-RON)   ladle
28. **el majador de papas** (el ma-ha-DOR day PA-pas)   potato masher
29. **las cucharas de medidas** (las koo-CHA-ras day may-DEE-das)   measuring spoons
30. **las servilletas de papel** (las sayr-vee-YAY-tas day pa-PEL)   paper napkins
31. **el tenedor** (el tay-nay-DOR)   fork
32. **el cuchillo** (el koo-CHEE-yo)   knife
33. **las cucharas** (las koo-CHA-ras)   spoons
34. **la mantequilla** (la man-tay-KEE-ya)   butter

35. **el perro** (el PAYR-ro)   dog
36. **el agua** (el A-gwa)   water
37. **el café** (el ka-FAY)   coffee
38. **la tapa** (la TA-pa)   lid
39. **el trapeador** (el tra-pay-a-DOR)   mop
40. **el cubo** (el KOO-bo)   pail
41. **el trapo** (el TRA-po)   rag
42. **la carne asada** (la KAR-nay a-SA-da)   roast beef
43. **el horno** (el OR-no)   oven
44. **la cacerola** (la ka-say-RO-la)   pan
45. **la tetera** (la tay-TAY-ra)   tea kettle
46. **la estufa** (la es-TOO-fa)   range
47. **los huevos** (los WAY-vos)   eggs
48. **la sartén** (la sar-TEN)   frying pan
49. **la madre** (la MA-dray)   mother
50. **la pala de basura** (la PA-la day ba-SOO-ra)   dustpan
51. **el cubo para basuras** (el KOO-bo PA-ra ba-SOO-ras)   trash can
52. **el refrigerador** (el ray-free-hay-ra-DOR)   refrigerator
53. **la linterna eléctrica** (la leen-TAYR-na ay-LEK-tree-ka)   flashlight
54. **el congelador** (el kon-hay-la-DOR)   freezer
55. **el paño de vajillas** (el PA-nyo day va-HEE-yas)   dish cloth
56. **el detergente de ropa** (el day-tayr-HEN-tay day RO-pa)   laundry detergent
57. **la lavadora** (la la-va-DO-ra)   washer
58. **la secadora** (la say-ka-DO-ra)   dryer
59. **la escoba** (la es-KO-ba)   broom
60. **el portacartas** (el por-ta-KAR-tas)   letter holder
61. **la cesta campestre** (la SES-ta kam-PES-tray)   picnic basket
62. **la cubeta de hielo** (la koo-BAY-ta day YAY-lo)   ice bucket
63. **las tazas** (las TA-sas)   cups

Preguntas   (Questions)

1. What is in "el horno"?
2. What is "el perro" drinking?
3. What is in the toaster?
4. What is in the pail?

4. En la clase (en la KLA-say)   In the Classroom

1. **el dinosaurio** (el dee-no-SOW-ryo)   dinosaur
2. **el reloj** (el ray-LOH)   clock
3. **el techo** (el TAY-cho)   ceiling
4. **el alfabeto** (el al-fa-BAY-to)   alphabet
5. **el escritorio** (el es-kree-TO-ryo)   desk
6. **el florero** (el flo-RAY-ro)   vase
7. **el conejo** (el ko-NAY-ho)   rabbit
8. **la pizarra** (la pee-SAR-ra)   blackboard
9. **la sustracción** (la soos-trak-SYON)   subtraction
10. **la multiplicación** (la mool-tee-plee-ka-SYON)   multiplication
11. **la adición** (la a-dee-SYON)   addition
12. **el ropero** (el ro-PAY-ro)   closet
13. **el calendario** (el ka-len-DA-ryo)   calendar
14. **la fotografía** (la fo-to-gra-FEE-a)   photograph
15. **la canicas** (la ka-NEE-kas)   marbles
16. **el globo** (el GLO-bo)   globe
17. **los libros** (los LEE-bros)   books
18. **las muñecas** (las moo-NYAY-kas)   dolls
19. **las cajas** (las KA-has)   boxes
20. **la cola** (la KO-la)   glue
21. **el títere de papel** (el TEE-tay-ray day pa-PEL)   paper puppet
22. **la bolsa de papel** (la BOL-sa day pa-PEL)   paper bag
23. **la cinta adherente** (la SEEN-ta a-day-REN-tay)   adhesive tape
24. **las tijeras** (las tee-HAY-ras)   scissors
25. **la arcilla** (la ar-SEE-ya)   clay
26. **la jaula** (la HOW-la)   cage

27. **los creyones** (los kray-YO-nes)   crayons
28. **la regla** (la RAY-gla)   ruler
29. **el pincel** (el peen-SEL)   paintbrush
30. **la tiza** (la TEE-sa)   chalk
31. **la pintura** (la peen-TOO-ra)   paint
32. **las tachuelas** (las ta-CHWAY-las)   tacks
33. **los bloques de construcción** (los BLO-kes day kon-strook-SYON)
    building blocks
34. **el caballete de pintor** (el ka-ba-YAY-tay day peen-TOR)   easel
35. **la acuarela** (la a-kwa-RAY-la)   watercolor
36. **la bata** (la BA-ta)   smock
37. **el borrador** (el bor-ra-DOR)   eraser
38. **el papel** (el pa-PEL)   paper
39. **los lápices** (los LA-pee-ses)   pencils
40. **el estudiante** (el es-too-DYAN-tay)   student
41. **la papelera** (la pa-pay-LAY-ra)   wastebasket
42. **los dibujos** (los dee-BOO-hos)   drawings
43. **el acuario** (el a-KWA-ryo)   aquarium
44. **los peces** (los PAY-ses)   fish
45. **la ventana** (la ven-TA-na)   window
46. **el cerdo** (el SAYR-do)   hog
47. **el pájaro** (el PA-ha-ro)   bird
48. **el gato** (el GA-to)   cat
49. **el mono** (el MO-no)   monkey
50. **el mapa** (el MA-pa)   map
51. **el sacapuntas** (el sa-ka-POON-tas)   pencil sharpener
52. **el portalápiz** (el por-ta-LA-pees)   pencil holder
53. **el cuaderno** (el kwa-DAYR-no)   notebook
54. **la maestra** (la ma-ES-tra)   teacher

Preguntas   (Questions)

1. What do you use to cut paper?
2. Name the three math problems on the blackboard.
3. What is the girl at the easel wearing?
4. Name the objects hanging on the left wall.

5. La ropa (la RO-pa) Clothing

1. **el sombrero** (el som-BRAY-ro) hat
2. **los anteojos** (los an-tay-O-hos) glasses
3. **el vestido** (el ves-TEE-do) dress
4. **el traje de baño** (el TRA-hay day BA-nyo) bathing suit
5. **la bolsa** (la BOL-sa) purse
6. **las botas de nieve** (las BO-tas day NYAY-vay) snow boots
7. **las chancletas** (las chan-KLAY-tas) slippers
8. **los zapatos de tacones altos** (los sa-PA-tos day ta-KO-nes AL-tos) high-heeled shoes
9. **el suéter** (el SWAY-tayr) sweater
10. **la falda** (la FAL-da) skirt
11. **los zapatos** (los sa-PA-tos) shoes
12. **las sandalias** (las san-DA-lyas) sandals

13. **la chaqueta** (la cha-KAY-ta)   jacket
14. **el gorro** (el GOR-ro)   cap
15. **el abrigo** (el a-BREE-go)   coat
16. **la corbata** (la kor-BA-ta)   tie
17. **la corbata de moño** (la kor-BA-ta day MO-nyo)   bow tie
18. **el impermeable** (el eem-payr-may-A-blay)   rain coat
19. **la camisa de mangas largas** (la ka-MEE-sa day MAN-gas LAR-gas)
    long-sleeved shirt
20. **el chaleco** (el cha-LAY-ko)   vest
21. **el cinturón** (el seen-too-RON)   belt
22. **la bata** (la BA-ta)   bathrobe
23. **los pantalones** (los pan-ta-LO-nes)   pants
24. **los calzoncillos** (los kal-son-SEE-yos)   underpants
25. **los calcetines** (los kal-say-TEE-nes)   socks
26. **el pijama** (el pee-HA-ma)   pajamas
27. **los zapatos de tenis** (los sa-PA-tos day TAY-nees)   tennis shoes

Preguntas   (Questions)

1. What do you wear to help you see better?
2. What do you wear to bed?
3. What do you wear inside your shoes?
4. What do you wear to go swimming?

6. Las estaciones y el tiempo (las es-ta-SYO-nes y el TYEM-po)
The Seasons and the Weather

1. **el verano** (el vay-RA-no)   summer
2. **la primavera** (la pree-ma-VAY-ra)   spring
3. **el invierno** (el een-VYAYR-no)   winter
4. **el otoño** (el o-TO-nyo)   fall

5. **el sol** (el sol)   sun
6. **las nubes** (las NOO-bes)   clouds
7. **la luna** (la LOO-na)   moon
8. **el arco iris** (el AR-ko EE-rees)   rainbow
9. **caliente** (ka-LYEN-tay)   hot
10. **el relámpago** (el ray-LAM-pa-go)   lightning
11. **la lluvia** (la YOO-vya)   rain
12. **frío** (FREE-o)   cold
13. **la nieve** (la NYAY-vay)   snow

Preguntas   (Questions)

1. What do you see after it rains?
2. What is the warmest season of the year?
3. What do you see during a thunderstorm?
4. What do you see in the sky at night?

7. Los deportes (los day-POR-tes)   Sports

1. **la esgrima** (la es-GREE-ma)   fencing
2. **el tenis** (el TAY-nees)   tennis
3. **la lucha libre** (la LOO-cha LEE-bray)   wrestling
4. **el ciclismo** (el see-KLEES-mo)   cycling
5. **el esquí** (el es-KEE)   skiing
6. **el boliche** (el bo-LEE-chay)   bowling
7. **el baloncesto** (el ba-lon-SES-to)   basketball

8. **el boxeo** (el bo-XAY-o)   boxing
9. **el béisbol** (el BAYS-bol)   baseball
10. **el judo** (el HOO-do)   judo
11. **el esquí acuático** (el es-KEE a-KWA-tee-ko)   waterskiing
12. **el fútbol americano** (el FOOT-bol a-may-ree-KA-no)   football

Preguntas   (Questions)

1. For which sport do you need a bat?
2. For which sports do you need skis?
3. Name a sport for which you need a bicycle.
4. What sport do you play in a bowling alley?

8. La ciudad (la syoo-DAD)   The City

1. **el edificio** (el ay-dee-FEE-syo)   building
2. **la floristería** (la flo-rees-tay-REE-a)   flower shop
3. **la juguetería** (la hoo-gay-tay-REE-a)   toy store
4. **la parada de autobús** (la pa-RA-da day ow-to-BOOS)   bus stop
5. **el banco** (el BAN-ko)   bench
6. **la panadería** (la pa-na-day-REE-a)   bakery
7. **el toldo** (el TOL-do)   awning
8. **el peatón** (el pay-a-TON)   pedestrian
9. **el autobús escolar** (el ow-to-BOOS es-ko-LAR)   school bus
10. **el conductor** (el kon-dook-TOR)   driver
11. **la camioneta** (la ka-myo-NAY-ta)   van
12. **el semáforo** (el say-MA-fo-ro)   traffic lights
13. **el taxi** (el TA-xee)   taxi
14. **la calle** (la KA-yay)   street
15. **el camión** (el ka-MYON)   truck
16. **la gasolinera** (la ga-so-lee-NAY-ra)   gas station
17. **la bomba de gasolina** (la BOM-ba day ga-so-LEE-na)   gas pump

18. **el cruce de peatones** (el KROO-say day pay-a-TON-es)   pedestrian crossing
19. **la aplanadora** (la ap-la-na-DO-ra)   bulldozer
20. **el conducto** (el kon-DOOK-to)   pipe
21. **el hueco** (el WAY-ko)   hole
22. **el buzón** (el boo-SON)   mailbox
23. **el farol** (el fa-ROL)   street light
24. **el bombero** (el bom-BAY-ro)   fireman
25. **el hacha** (el A-cha)   axe
26. **la escalera** (la es-ka-LAY-ra)   ladder
27. **el camión de bomberos** (el ka-MYON day bom-BAY-ros)   fire truck
28. **el policía** (el po-lee-SEE-a)   policeman
29. **el choque** (el CHO-kay)   collision
30. **la sirena** (la see-RAY-na)   siren
31. **el coche de policía** (el KO-chay day po-lee-SEE-a)   police car
32. **la boca de riego** (la BO-ka day RYAY-go)   fire hydrant
33. **el árbol** (el AR-bol)   tree
34. **la ambulancia** (la am-boo-LAN-sya)   ambulance
35. **el camión de remolque** (el ka-MYON day ray-MOL-kay)   tow truck
36. **el parquímetro** (el par-KEE-may-tro)   parking meter
37. **el patio de recreo** (el PA-tyo day ray-KRAY-o)   playground

Preguntas   (Questions)

1. What happened to the two cars in the intersection?
2. If you are hurt, you are taken to the hospital in _____.
3. Who is directing the traffic?
4. Who is "el bombero"?

9. **En el supermercado** (en el soo-payr-mayr-KA-do)
   At the Supermarket

1. **el helado** (el ay-LA-do)   ice cream
2. **la botella** (la bo-TAY-ya)   bottle
3. **el azúcar** (el a-SOO-kar)   sugar
4. **la crema de cacahuates** (la KRAY-ma day ka-ka-WA-tes)   peanut butter
5. **el helado de chocolate** (el ay-LA-do day cho-ko-LA-tay)   chocolate ice cream
6. **la lata** (la LA-ta)   can
7. **el carrito de compras** (el kar-REE-to day KOM-pras)   shopping cart
8. **la mermelada** (la mayr-may-LA-da)   jam
9. **el pan** (el pan)   bread
10. **la báscula** (la BAS-koo-la)   scale
11. **las cerezas** (las say-RAY-sas)   cherries
12. **las frambuesas** (las fram-BWAY-sas)   raspberries
13. **las uvas** (las OO-vas)   grapes
14. **los plátanos** (los PLA-ta-nos)   bananas
15. **las papayas** (las pa-PA-yas)   papayas
16. **las fresas** (las FRAY-sas)   strawberries
17. **las frutas** (las FROO-tas)   fruit
18. **el abacero** (el a-ba-SAY-ro)   grocer
19. **los comestibles** (los ko-mes-TEE-bles)   groceries
20. **la bolsa de papel** (la BOL-sa day pa-PEL)   paper bag
21. **la cajera** (la ka-HAY-ra)   cashier
22. **la caja registradora** (la KA-ha ray-hees-tra-DO-ra)   cash register
23. **el recibo** (el ray-SEE-bo)   receipt
24. **la cesta de abarrotes** (la SES-ta day a-bar-RO-tes)   grocery basket

PAN

FRUTAS

$35.89

25. **las papas** (las PA-pas)   potatoes
26. **las zanahorias** (las sa-na-O-ryas)   carrots
27. **las cebollas** (las say-BO-yas)   onions
28. **los frijoles** (los free-HO-les)   beans
29. **los tomates** (los to-MA-tes)   tomatoes
30. **los repollos** (los ray-PO-yos)   cabbages
31. **las berenjenas** (las bay-ren-HAY-nas)   eggplants
32. **la lechuga** (la lay-CHOO-ga)   lettuce
33. **el maíz** (el ma-EES)   corn
34. **las peras** (las PAY-ras)   pears
35. **las calabazas** (las ka-la-BA-sas)   squash
36. **los espárragos** (los es-PAR-ra-gos)   asparagus
37. **los pimientos** (los pee-MYEN-tos)   bell peppers
38. **las coliflores** (las ko-lee-FLO-res)   cauliflower
39. **las ciruelas** (las see-RWAY-las)   plums
40. **los limones** (los lee-MO-nes)   lemons
41. **los duraznos** (los doo-RAS-nos)   peaches
42. **las manzanas** (las man-SA-nas)   apples
43. **la torta** (la TOR-ta)   cake
44. **el pastel** (el pas-TEL)   pie
45. **el pastelito** (el pas-tay-LEE-to)   cupcake
46. **el atún** (el a-TOON)   tuna
47. **el jugo** (el HOO-go)   juice
48. **la crema** (la KRAY-ma)   hand cream
49. **la harina** (la a-REE-na)   flour
50. **los cereales** (los say-ray-A-les)   cereal
51. **el estante** (el es-TAN-tay)   shelf
52. **el trabajador** (el tra-ba-ha-DOR)   worker
53. **las galletas** (las ga-YAY-tas)   cookies
54. **la leche** (la LAY-chay)   milk
55. **el queso** (el KAY-so)   cheese
56. **las salchichas** (las sal-CHEE-chas)   sausages
57. **los huevos** (los WAY-vos)   eggs
58. **el cordero** (el kor-DAY-ro)   lamb
59. **la mantequilla** (la man-tay-KEE-ya)
    butter
60. **el pollo** (el PO-yo)   chicken
61. **los cangrejos** (los kan-GRAY-hos)
    crabs
62. **el pescado** (el pes-KA-do)   fish

Preguntas   (Questions)

1. What is the girl getting from the freezer?
2. Name all the vegetables that start with the letter "c."
3. Who is behind the cash register?
4. Who is packing the groceries?

10. En el restaurante (en el res-tow-RAN-tay)   In the Restaurant

1. la planta (la PLAN-ta)   plant
2. la maceta (la ma-SAY-ta)   flowerpot
3. la chimenea (la chee-may-NAY-a)   fireplace
4. la mesa (la MAY-sa)   table
5. la silla (la SEE-ya)   chair
6. el vaso (el VA-so)   glass
7. el plato (el PLA-to)   plate
8. el mantel (el man-TEL)   tablecloth
9. la ensalada (la en-sa-LA-da)   salad
10. las tenacillas (las tay-na-SEE-yas)   tongs
11. el hielo (el YAY-lo)   ice
12. el biftec (el beef-TEK)   steak
13. la torta (la TOR-ta)   cake
14. el tocino (el to-SEE-no)   bacon
15. los huevos fritos (los WAY-vos FREE-tos)   fried eggs
16. la tetera (la tay-TAY-ra)   teapot
17. el pollo asado (el PO-yo a-SA-do)   roast chicken
18. el jarro (el HAR-ro)   pitcher
19. la cuenta (la KWEN-ta)   check
20. la mermelada (la mayr-may-LA-da)   jam
21. el menú (el may-NOO)   menu
22. la sal (la sal)   salt
23. la pimienta (la pee-MYEN-ta)   pepper
24. el platillo (el pla-TEE-yo)   saucer
25. la taza (la TA-sa)   cup
26. la servilleta (la sayr-vee-YAY-ta)   napkin
27. el bocadillo (el bo-ka-DEE-yo)   sandwich
28. la hamburguesa (la am-boor-GAY-sa)   hamburger

29. **las salchichas** (las sal-CHEE-chas)   sausages
30. **el salami** (el sa-LA-mee)   salami
31. **el cocinero** (el ko-see-NAY-ro)   chef
32. **la moza** (la MO-sa)   waitress
33. **el delantal** (el day-lan-TAL)   apron
34. **la escudilla de metal** (la es-koo-DEE-ya day may-TAL)   metal bowl
35. **el jamón** (el ha-MON)   ham
36. **los huevos rellenos** (los WAY-vos ray-YAY-nos)   stuffed eggs
37. **la copa** (la KO-pa)   goblet
38. **el té** (el tay)   tea
39. **la rebanadora de carne** (la ray-ba-na-DO-ra day KAR-nay)   meat slicer
40. **el fregadero** (el fray-ga-DAY-ro)   sink
41. **la vajilla sucia** (la va-HEE-ya SOO-sya)   dirty dishes
42. **la cafetera** (la ka-fay-TAY-ra)   coffeepot

Preguntas   (Questions)

1. Who is cooking in the kitchen?
2. Who is bringing the salad bowl?
3. What is the boy eating?
4. What does the girl have in her hands?

11. El correo (el kor-RAY-o)   The Post Office

1. **la bandera** (la ban-DAY-ra)   flag
2. **el correo** (el kor-RAY-o)   the post office
3. **el muelle de carga** (el MWAY-yay day KAR-ga)   loading dock
4. **la entrada** (la en-TRA-da)   entrance
5. **el camión postal** (el ka-MYON pos-TAL)   mail truck
6. **el buzón** (el boo-SON)   mailbox
7. **el cartero** (el kar-TAY-ro)   mail carrier
8. **el saco de correo** (el SA-ko day kor-RAY-o)   mailbag
9. **el precio** (el PRAY-syo)   price
10. **la báscula** (la BAS-koo-la)   scale
11. **el paquete** (el pa-KAY-tay)   package
12. **el sello** (el SAY-yo)   stamp
13. **la carta** (la KAR-ta)   letter
14. **la dirección** (la dee-rek-SYON)   address
15. **la empleada postal** (la em-play-A-da pos-TAL)   postal worker
16. **las cartas atadas** (las KAR-tas a-TA-das)   bundled letters
17. **el periódico** (el pay-RYO-dee-ko)   newspaper
18. **las revistas** (las ray-VEES-tas)   magazines

Preguntas   (Questions)

1. Where do you go to mail letters?
2. What must you put on an envelope?
3. Who delivers the mail?
4. What is "el periódico"?

12. El banco (el BAN-ko)   The Bank

1. **el archivo** (el ar-CHEE-vo)   file cabinet
2. **el cuadro** (el KWA-dro)   painting
3. **el guarda** (el GWAR-da)   guard
4. **la caja fuerte** (la KA-ha FWAYR-tay)   vault
5. **la caja depósito de seguridad** (la KA-ha day-PO-see-to day say-goo-ree-DAD)
   safety deposit box
6. **la cliente** (la klee-EN-tay)   client
7. **el libro de cheques** (el LEE-bro day CHAY-kes)   checkbook
8. **la tarjeta de crédito** (la tar-HAY-ta day KRAY-dee-to)   credit card
9. **los billetes** (los bee-YAY-tes)   bills
10. **las monedas** (las mo-NAY-das)   coins
11. **la papeleta de depósito** (la pa-pay-LAY-ta day day-PO-see-to)   deposit slip
12. **el bolígrafo** (el bo-LEE-gra-fo)   pen
13. **el cheque** (el CHAY-kay)   check
14. **el saco de dinero** (el SA-ko day dee-NAY-ro)   money bag
15. **el empleado de banco** (el em-play-A-do day BAN-ko)   bank teller

Preguntas   (Questions)

1. Name a place where you keep valuables.
2. Name a room where money is locked in.
3. Who is standing near the vault?
4. What do you need to make a deposit?

13. El consultorio médico (el kon-sool-TO-ryo MAY-dee-ko)
The Doctor's Office

1. **la presión sanguínea** (la pray-SYON san-GEE-nay-a)   blood pressure
2. **la enfermera** (la en-fayr-MAY-ra)   nurse
3. **el reloj** (el ray-LOH)   watch
4. **el termómetro** (el ter-MO-may-tro)   thermometer
5. **la aguja** (la a-GOO-ha)   needle
6. **la jeringa** (la hay-REEN-ga)   syringe
7. **las píldoras** (las PEEL-do-ras)   pills
8. **el técnico** (la TEK-nee-ko)   technician
9. **el guante** (el GWAN-tay)   glove
10. **la escayola** (la es-ka-YO-la)   cast
11. **la escala de letras** (la es-KA-la day LAY-tras)   eye chart
12. **el examen del oído** (el ay-XA-men del o-EE-do)   hearing test
13. **el otoscopio** (el o-to-SKO-pyo)   otoscope
14. **el bebé** (el bay-BAY)   baby
15. **el estetoscopio** (el es-tay-to-SKO-pyo)   stethoscope
16. **el pediatra** (el pay-DEE-a-tra)   pediatrician
17. **la receta** (la ray-SAY-ta)   prescription

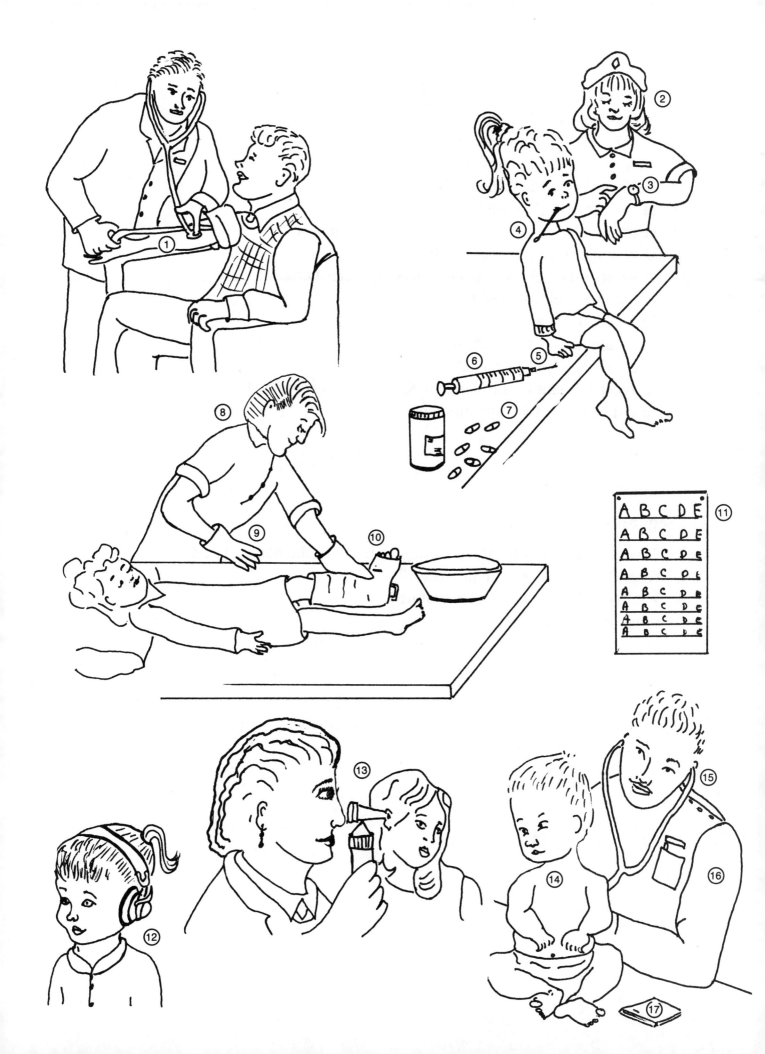

18. **el empaste** (el em-PAS-tay)   filling
19. **el taladro** (el ta-LA-dro)   drill
20. **la caries** (la KA-ryays)   cavity
21. **los instrumentos dentales** (los eens-troo-MEN-tos den-TA-les)   dental instruments
22. **los frenos** (los FRAY-nos)   braces
23. **la radiografía** (la ra-dyo-gra-FEE-a)   X ray
24. **el ortopédico** (el or-to-PAY-dee-ko)   orthopedist
25. **el vendaje** (el ven-DA-hay)   bandage
26. **el veterinario** (el vay-tay-ree-NA-ryo)   veterinarian
27. **el ascensor** (el a-sen-SOR)   elevator
28. **la antesala** (la an-tay-SA-la)   waiting room
29. **las muletas** (las moo-LAY-tas)   crutches
30. **el calendario** (el ka-len-DA-ryo)   calendar
31. **la recepcionista** (la ray-sep-syo-NEES-ta)   receptionist
32. **la cita** (la SEE-ta)   appointment

Preguntas   (Questions)

1. What instrument is the doctor using to listen to the baby's heart?
2. What do you call an animal doctor?
3. Who is taking the girl's temperature?
4. What are "las muletas"?

14. La estación de servicio (la es-ta-SYON day sayr-VEE-syo)
The Service Station

1. **el elevador hidráulico** (el ay-lay-va-DOR ee-DROW-lee-ko)   hydraulic lift
2. **el parabrisas quebrado** (el pa-ra-BREE-sas kay-BRA-do)   cracked windshield
3. **el lavado de coches** (el la-VA-do day KO-ches)   car wash
4. **la puerta abollada** (la PWAYR-ta a-bo-YA-da)   dented door
5. **el camión de remolque** (el ka-MYON day ray-MOL-kay)   tow truck
6. **la bomba de gasolina** (la BOM-ba day ga-so-LEE-na)   gas pump
7. **el empleado** (el em-play-A-do)   attendant
8. **la lata** (la LA-ta)   can
9. **la tapa de gasolina** (la TA-pa day ga-so-LEE-na)   gas cap
10. **la maleta** (la ma-LAY-ta)   trunk
11. **el techo** (el TAY-cho)   roof
12. **el asiento** (el a-SYEN-to)   seat
13. **la puerta** (la PWAYR-ta)   door
14. **la llanta** (la YAN-ta)   tire
15. **la placa de matrícula** (la PLA-ka day ma-TREE-koo-la)   license plate
16. **el parachoques** (el pa-ra-CHO-kes)   bumper
17. **el farol** (el fa-ROL)   headlight
18. **el capó** (el ka-PO)   hood
19. **el limpiaparabrisas** (el leem-pya-pa-ra-BREE-sas)   windshield wiper
20. **el volante** (el vo-LAN-tay)   steering wheel

21. **la aceitera** (la a-say-TAY-ra)   oil can
22. **el radiador** (el ra-dya-DOR)   radiator
23. **la caja de herramientas** (la KA-ha day ayr-ra-MYEN-tas)   toolbox
24. **la batería** (la ba-tay-REE-a)   battery
25. **los cables de empalme** (los KA-bles day em-PAL-may)   jumper cables
26. **el destornillador** (el des-tor-nee-ya-DOR)   screwdriver
27. **el martillo** (el mar-TEE-yo)   hammer
28. **la llave de tuercas** (la YA-vay day TWAYR-kas)   wrench
29. **la tuerca** (la TWAYR-ka)   nut
30. **el tornillo** (el tor-NEE-yo)   screw
31. **la rueda** (la RWAY-da)   wheel
32. **el extintor** (el es-teen-TOR)   fire extinguisher
33. **las llantas** (las YAN-tas)   tires
34. **la bomba neumática** (la BOM-ba nayoo-MA-tee-ka)   air pump
35. **la llanta reventada** (la YAN-ta ray-ven-TA-da)   flat tire
36. **el mecánico** (el may-KA-nee-ko)   mechanic

Preguntas   (Questions)

1. What do you call a person who repairs cars?
2. What is "el parachoques"?
3. What kind of truck do you see in this picture?
4. Name a place where you take the car to have it washed.

15. El transporte (el trans-POR-tay)   Transportation

1. **el monocarril** (el mo-no-kar-REEL)   monorail
2. **el tren** (el tren)   train
3. **el funicular** (el foo-nee-koo-LAR)   cable car
4. **el automóvil** (el ow-to-MO-veel)   automobile
5. **el camión** (el ka-MYON)   truck
6. **el autobús** (el ow-to-BOOS)   bus
7. **la motocicleta** (la mo-to-see-KLAY-ta)   motorcycle
8. **la bicicleta** (la bee-see-KLAY-ta)   bicycle

9. **el avión** (el a-VYON)   airplane
10. **el globo** (el GLO-bo)   hot-air balloon
11. **el paracaídas** (el pa-ra-ka-EE-das)   parachute
12. **el cohete** (el ko-AY-tay)   rocket
13. **el helicóptero** (el ay-lee-KOP-tay-ro)   helicopter
14. **el buque** (el BOO-kay)   ship
15. **el barco** (el BAR-ko)   boat
16. **el submarino** (el soob-ma-REE-no)   submarine
17. **la barcaza** (la bar-KA-sa)   barge
18. **la canoa** (la ka-NO-a)   canoe

Preguntas   (Questions)

1. What should you have with you if you jump out of an airplane?
2. Name two vehicles that have two wheels.
3. Name a vehicle that travels under water.
4. What vehicle in this picture can go to the moon?

16. La granja (la GRAN-ha)   The Farm

1. **el terreno** (el tayr-RAY-no)   field
2. **el molino de viento** (el mo-LEE-no day VYEN-to)   windmill
3. **la colina** (la ko-LEE-na)   hill
4. **el valle** (el VA-yay)   valley
5. **la cascada** (la kas-KA-da)   waterfall
6. **la iglesia** (la ee-GLAY-sya)   church
7. **el campanario** (el kam-pa-NA-ryo)   steeple
8. **la cabaña** (la ka-BA-nya)   cottage
9. **el molino de agua** (el mo-LEE-no day A-gwa)   waterwheel
10. **el corral** (el kor-RAL)   corral
11. **el establo** (el es-TA-blo)   stable
12. **el barril** (el bar-REEL)   barrel
13. **el toro** (el TO-ro)   bull
14. **el lazo** (el LA-so)   lasso
15. **el vaquero** (el va-KAY-ro)   cowboy
16. **el caballo** (el ka-BA-yo)   horse
17. **el sombrero de vaquero** (el som-BRAY-ro day va-KAY-ro)   cowboy hat
18. **la silla de montar** (la SEE-ya day mon-TAR)   saddle
19. **la vaca** (la VA-ka)   cow
20. **la granjera** (la gran-HAY-ra)   farmer
21. **el taburete** (el ta-boo-RAY-tay)   stool
22. **el ordeño** (el or-DAY-nyo)   milking
23. **el escardillo** (el es-kar-DEE-yo)   hoe
24. **el rastrillo** (el ras-TREE-yo)   rake
25. **la horquilla** (la or-KEE-ya)   pitchfork
26. **la pala** (la PA-la)   shovel
27. **la oveja** (la o-VAY-ha)   sheep
28. **el pavo** (el PA-vo)   turkey
29. **el ganso** (el GAN-so)   goose
30. **el granero** (el gra-NAY-ro)   barn
31. **el heno** (el AY-no)   hay

32. **el terreno irrigado** (el tayr-RAY-no eer-ree-GA-do)   irrigated field
33. **el espantapájaros** (el es-pan-ta-PA-ha-ros)   scarecrow
34. **el tractor** (el trak-TOR)   tractor
35. **el obrero de campo** (el o-BRAY-ro day KAM-po)   field hand
36. **el silo** (el SEE-lo)   silo
37. **el pajar** (el pa-HAR)   loft
38. **el barro** (el BAR-ro)   mud
39. **el cerdo** (el SAYR-do)   hog
40. **la cochiquera** (la ko-chee-KAY-ra)   pigpen
41. **la pollera** (la po-YAY-ra)   chicken coop
42. **la gallina** (la ga-YEE-na)   hen
43. **el portalon** (el por-ta-LON)   gate
44. **la carretilla** (la kar-ray-TEE-ya)   wheelbarrow
45. **el rociador de frutas** (el ro-sya-DOR day FROO-tas)   fruit sprayer
46. **el saco de trigo** (el SA-ko day TREE-go)   bag of wheat
47. **el chivo** (el CHEE-vo)   goat
48. **la hierba** (la YAYR-ba)   grass
49. **el pozo** (el PO-so)   well
50. **el cortijo** (el kor-TEE-ho)   farmhouse

Preguntas   (Questions)

1. Who is milking the cow?
2. Horses are kept in _____.
3. Name all the animals in the farm.
4. What do you call the place where hogs are kept?

17. Los animales en el zoológico

(los a-nee-MA-les en el so-LO-hee-ko)   Animals in the Zoo

1. **la jirafa** (la hee-RA-fa)   giraffe
2. **el elefante** (el ay-lay-FAN-tay)   elephant
3. **la cebra** (la SAY-bra)   zebra
4. **la marmota** (la mar-MO-ta)   marmot
5. **el venado** (el vay-NA-do)   deer
6. **el león** (el lay-ON)   lion
7. **el leopardo** (el lay-o-PAR-do)   leopard

8. **el loro** (el LO-ro)   parrot
9. **el quetzal** (el ket-SAL)   quetzal
10. **el rinoceronte** (el ree-no-say-RON-tay)   rhinoceros
11. **el oso koala** (el O-so ko-A-la)   koala bear
12. **la culebra** (la koo-LAY-bra)   snake
13. **el chimpancé** (el cheem-pan-SAY)   chimpanzee
14. **el oso polar** (el O-so po-LAR)   polar bear

Preguntas   (Questions)

1. Name an animal with a very long neck.
2. Which animal lives in the Arctic?
3. Name two birds in this picture.
4. Which animal has antlers?

18. En la playa (en la PLA-ya)   At the Beach

1. **los apartamentos** (los a-par-ta-MEN-tos)   apartments
2. **el faro** (el FA-ro)   lighthouse
3. **la isla** (la EES-la)   island
4. **la canoa automóvil** (la ka-NO-a ow-to-MO-vil)   speedboat
5. **el embarcadero** (el em-bar-ka-DAY-ro)   pier
6. **el vigilante** (el vee-hee-LAN-tay)   lifeguard
7. **el cocotero** (el ko-ko-TAY-ro)   coconut palm
8. **la orilla del mar** (la o-REE-ya del mar)   seashore
9. **el nadador** (el na-da-DOR)   swimmer
10. **la plancha de deslizamiento** (la PLAN-cha day des-lee-sa-MYEN-to)   surfboard
11. **montar a caballo** (mon-TAR a ka-BA-yo)   horseback riding
12. **la cámara** (la KA-ma-ra)   camera
13. **la madera de deriva** (la ma-DAY-ra day day-REE-va)   driftwood
14. **el radio portátil** (el RA-dyo por-TA-teel)   portable radio
15. **la arena** (la a-RAY-na)   sand
16. **la silla plegadiza** (la SEE-ya play-ga-DEE-sa)   folding chair
17. **la sombrilla** (la som-BREE-ya)   parasol
18. **la merienda** (la may-RYEN-da)   picnic
19. **el termo** (el TAYR-mo)   thermos
20. **la crema de broncear** (la KRAY-ma day bron-say-AR)   suntan lotion
21. **el balón de playa** (el ba-LON day PLA-ya)   beach ball
22. **la huella** (la WAY-ya)   footprint

23. **la concha** (la KON-cha)   seashell
24. **el alga marina** (el AL-ga ma-REE-na)   seaweed
25. **la almeja** (la al-MAY-ha)   clam
26. **el castillo de arena** (el kas-TEE-yo day a-RAY-na)   sand castle
27. **las aletas** (las a-LAY-tas)   fins
28. **el salvavidas** (el sal-va-VEE-das)   lifesaver
29. **las gafas submarinas** (las GA-fas soob-ma-REE-nas)   goggles
30. **la palma** (la PAL-ma)   palm tree
31. **la toalla de playa** (la TWA-ya day PLA-ya)   beach towel
32. **el remo** (el RAY-mo)   oar
33. **el bote de remos** (el BO-tay day RAY-mos)   rowboat
34. **la gaviota** (la ga-VYO-ta)   sea gull
35. **la foca** (la FO-ka)   seal
36. **la lancha neumática** (la LAN-cha nayoo-MA-tee-ka)   inflatable boat
37. **el león marino** (el lay-ON ma-REE-no)   sea lion
38. **la ola** (la O-la)   wave
39. **la choza** (la CHO-sa)   hut
40. **el barco de vela** (el BAR-ko day VAY-la)   sailboat
41. **el esquí acuático** (el es-KEE a-KWA-tee-ko)   waterskiing
42. **el transatlántico** (el tran-sat-LAN-tee-ko)   ocean liner

Preguntas   (Questions)

1. What do you call an umbrella that protects you from the sun?
2. What are the children building?
3. Name the animals on the beach.
4. Where is "el faro" located?

19. El circo (el SEER-ko)   The Circus

1. **la posición de cabeza** (la po-see-SYON day ka-BAY-sa)   headstand
2. **los acróbatas** (los a-KRO-ba-tas)   acrobats
3. **el tigre** (el TEE-gray)   tiger
4. **el fuego** (el FWAY-go)   fire
5. **el aro de fuego** (el A-ro day FWAY-go)   ring of fire
6. **el látigo** (el LA-tee-go)   whip
7. **el entrenador** (el en-tray-na-DOR)   trainer
8. **el león** (el lay-ON)   lion
9. **la cuerda de seguridad** (la KWAYR-da day say-goo-ree-DAD)   safety cord
10. **el cinturón de seguridad** (el seen-too-RON day say-goo-ree-DAD)   safety belt
11. **el jinete sin montura** (el hee-NAY-tay seen mon-TOO-ra)   bareback rider
12. **el plumaje** (el ploo-MA-hay)   feathers
13. **el disfraz** (el dees-FRAS)   costume
14. **el algodón de azúcar** (el al-go-DON day a-SOO-kar)   cotton candy
15. **el payaso** (el pa-YA-so)   clown

16. **el público** (el POO-blee-ko)   audience
17. **el desfile** (el des-FEE-lay)   parade
18. **la unicicleta** (la oo-nee-see-KLAY-ta)   unicycle
19. **la cuerda floja** (la KWAYR-da FLO-ha)   tightrope
20. **la red de seguridad** (la red day say-goo-ree-DAD)   safety net
21. **la escalera de cuerda** (la es-ka-LAY-ra day KWAYR-da)   rope ladder
22. **el maestro de ceremonias** (el ma-ES-tro day say-ray-MO-nyas)   master of ceremonies
23. **la vara** (la VA-ra)   pole
24. **el trapecio** (el tra-PAY-syo)   trapeze
25. **la trapecista** (la tra-pay-SEES-ta)   trapeze artist

Preguntas   (Questions)

1. Who is going through "el aro de fuego"?
2. What is the boy in the audience eating?
3. What is the tightrope walker riding?
4. What object does the trainer have in his hand?

20. Los instrumentos musicales

(los eens-troo-MEN-tos moo-see-KA-les)

Musical Instruments

1. **la guitarra** (la gee-TAR-ra)   guitar
2. **las maracas** (las ma-RA-kas)   maracas
3. **el timbal** (el teem-BAL)   kettledrum
4. **las castañuelas** (las kas-ta-NWAY-las)   castanets
5. **la trompeta** (la trom-PAY-ta)   trumpet
6. **la pandereta** (la pan-day-RAY-ta)   tambourine

7. **el violín** (el vyo-LEEN)   violin
8. **el contrabajo** (el kon-tra-BA-ho)   bass
9. **la mandolina** (la man-do-LEE-na)   mandolin
10. **el barítono** (el ba-REE-to-no)   baritone
11. **el arpa** (el AR-pa)   harp
12. **el banjo** (el BAN-ho)   banjo
13. **el saxófono** (el sa-XO-fo-no)   saxophone
14. **el clarinete** (el kla-ree-NAY-tay)   clarinet
15. **el piano** (el PYA-no)   piano
16. **el trombón** (el trom-BON)   trombone

Preguntas   (Questions)

1. Name six instruments with strings.
2. Name five wind instruments.
3. What is "el timbal"?
4. Name an instrument that has a keyboard.

21. **Palabras de acción** (pa-LA-bras day ak-SYON)

Action Words

1. **columpiar** (ko-loom-PYAR)   to swing
2. **escribir** (es-kree-BEER)   to write
3. **bailar** (bigh-LAR)   to dance
4. **comer** (ko-MAYR)   to eat
5. **soñar** (so-NYAR)   to dream
6. **dibujar** (dee-boo-HAR)   to draw

escribir

7. **jugar** (hoo-GAR)   to play
8. **trabajar** (tra-ba-HAR)   to work
9. **patinar** (pa-tee-NAR)   to skate
10. **montar en bicicleta** (mon-TAR en bee-see-KLAY-ta)   to ride a bicycle
11. **estirarse** (es-tee-RAR-say)   to stretch

Preguntas   (Questions)

1. What do you do before playing a sport?
2. What do you do with a pencil?
3. What do you do with skates?
4. What is "bailar"?

22. Los números (los NOO-may-ros) Numbers

1. **uno** (OO-no) one
2. **dos** (dos) two
3. **tres** (tres) three
4. **cuatro** (KWA-tro) four
5. **cinco** (SEEN-ko) five
6. **seis** (says) six
7. **siete** (SYAY-tay) seven
8. **ocho** (O-cho) eight
9. **nueve** (NWAY-vay) nine
10. **diez** (dyes) ten

Preguntas (Questions)

1. How many strawberries are there in the picture?
2. How many lemons are there in the picture?
3. How many flowers do you see in the picture?
4. How many peaches do you see?

23. Las formas (las FOR-mas) Shapes

1. **el cuadrado** (el kwa-DRA-do) square
2. **el rombo** (el ROM-bo) rhombus
3. **la estrella** (la es-TRAY-ya) star
4. **el óvalo** (el O-va-lo) oval
5. **el triángulo** (el TRYAN-goo-lo) triangle
6. **el círculo** (el SEER-koo-lo) circle
7. **el rectángulo** (el rek-TAN-goo-lo) rectangle
8. **la medialuna** (la may-dya-LOO-na) crescent

Preguntas (Questions)

1. Name three shapes that have four sides.
2. Name one shape that has three sides.
3. Which shape looks like a star?
4. What is "el círculo"?

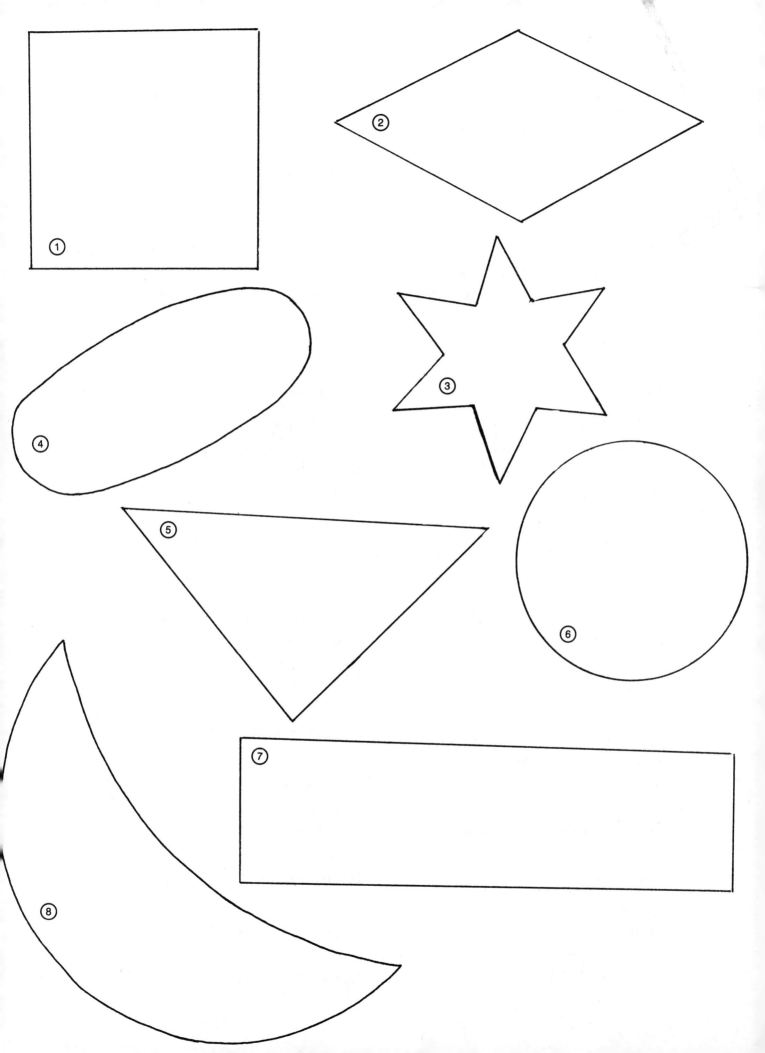

Respuestas a las preguntas/
Answers to the Questions

1. Nuestra casa

1. watering hose
2. la paleta y la horquilla de cavar
3. la cerca de ladrillo y la cerca de madera
4. el jardinero

2. La sala

1. las agujas de medias
2. el nieto
3. el reloj de mesa
4. el libro

3. La cocina

1. la carne asada
2. el agua
3. el pan tostado
4. el trapo

4. En la clase

1. las tijeras
2. la sustracción, la multiplicación, la adición
3. la bata
4. el dinosaurio, el reloj, la fotografía y el calendario

5. La ropa

1. los anteojos
2. el pijama
3. los calcetines
4. el traje de baño

6. Las estaciones y el tiempo

1. el arco iris
2. el verano
3. el relámpago, la lluvia
4. la luna

7. Los deportes

1. el béisbol
2. el esquí, el esquí acuático
3. el ciclismo
4. el boliche

8. La ciudad

1. el choque
2. la ambulancia
3. el policía
4. a fireman

9. En el supermercado

1. el helado
2. las cebollas, las calabazas, las coliflores
3. la cajera
4. el abacero

10. En el restaurante

1. el cocinero
2. la moza
3. el bocadillo
4. el menú

11. El correo

1. el correo
2. el sello, la dirección
3. el cartero
4. the newspaper

12. El banco

1. la caja depósito de seguridad
2. la caja fuerte
3. el guarda
4. la papeleta de depósito

13. El consultorio médico

1. el estetoscopio
2. el veterinario
3. la enfermera
4. crutches

14. La estación de servicio

1. el mecánico
2. a bumper
3. el camión de remolque
4. el lavado de carros

15. El transporte

1. el paracaídas
2. la bicicleta, la motocicleta
3. el submarino
4. el cohete

16. La granja

1. la granjera
2. el establo
3. el caballo, el toro, la vaca, la oveja, el pavo, el ganso, la gallina, el cerdo, el chivo
4. la cochiquera

17. Los animales en el zoológico

1. la jirafa
2. el oso polar
3. el loro, el quetzal
4. el venado

18. En la playa

1. la sombrilla
2. el castillo de arena
3. el caballo, la foca, el león marino, la gaviota
4. la isla

19. El circo

1. el tigre
2. el algodón de azúcar
3. la unicicleta
4. el látigo

20. Los instrumentos musicales

1. la guitarra, el banjo, el arpa, el violín, el contrabajo, la mandolina
2. la trompeta, el saxófono, el trombón, el clarinete, el barítono
3. a kettledrum
4. el piano

21. Palabras de acción

1. estirarse
2. escribir, dibujar
3. patinar
4. to dance

22. Los números

1. dos
2. ocho
3. tres
4. seis

23. Las formas

1. el cuadrado, el rectángulo, el rombo
2. el triángulo
3. la estrella
4. a circle